# IDOMÉNÉE,

## *TRAGEDIE,*

# REPRÉSENTÉE

## POUR LA PREMIÉRE FOIS,

## PAR L'ACADÉMIE ROYALE

## DE MUSIQUE;

*Le Mardy, douziéme jour de Janvier* 1712.

Remife au Theâtre, le Mardy, troifiéme d'Avril 1731.

### DE L'IMPRIMERIE

### De JEAN-BAPTISTE-CHRISTOPHE BALLARD,

Seul Imprimeur du Roy , & de l'Académie Royale de Mufique.

## M. DCC XXXI.

*AVEC PRIVILEGE DU ROY.*

## LE PRIX EST DE XXX. SOLS.

# PERSONNAGES
## DU PROLOGUE.

EOLE, *Dieu des Vents,* Monſieur Dun.
VENUS, Mademoiſelle Eermans.

*Suite d'Eole.*

*Chœurs des Vents.*

*Suite de Venus.*

*Chœurs des Graces & des Plaiſirs.*

*Divinitez de la Mer.*

---

# ACTEURS ET ACTRICES
*Chantants dans tous les Chœurs du Prologue*
*& de la Tragedie.*

| CÔTE' DU ROY. | | CÔTE' DE LA REINE. | |
|---|---|---|---|
| *Meſdemoiſelles* | *Meſſieurs* | *Meſdemoiſelles* | *Meſſieurs* |
| Dun. | Dun-Pere. | Antier-C. | Le Myre. |
| Duval-L. | Flamand. | La Roche. | Morand. |
| Dutillié. | S. Martin. | Tettelette. | Deſerre. |
| Duval-C. | Gouget. | Charlard. | Pinart. |
| Lavallée. | Jolly. | Marchand. | Dautrep. |
| Jolly. | Deshais. | Delorge. | Corail. |
| | Dubrieul. | Sabatier. | Valentin. |
| | Buſeau. | | Ducheſne. |
| | Dupleſſis. | | Houbaut. |
| | Combault. | | a ij |

# DIVERTISSEMENT
## DU PROLOGUE.
### GRACES;

Mesdemoiselles Thybert, Richalet, Durocher.

### JEUX ET PLAISIRS;

Mademoiselle Feret;

Messieurs P-Dumoulin, Matignon, Dangeville;

Mesdemoiselles Lamartiniere, Richalet, Rabon.

### TRITONS;

Monsieur Maltair-C.;

Messieurs Savar, Tabary, Dumay, Dupré.

---

### APROBATION.

J'AY lû par ordre de Monseigneur le Chancelier, *Idoménée*, *Tragedie*; & j'ay cru que le Public en verroit l'Impression avec plaisir. Fait à Paris ce premier Janvier 1712. Signé FONTENELLE.

PROLOGUE.

# PROLOGUE.

Le Theâtre repréfente les Antres d'E O L E : Ce Dieu, y paroît au milieu des Vents qui font enchaînez à des Rochers : A travers une ouverture de la Caverne , on découvre la Mer dans l'éloignement.

## SCENE PREMIERE.

### EOLE, ET LES VENTS.

#### CHOEUR.

*Laiffez-nous fortir d'efclavage,*
*O contrainte fatale ! ô rigoureufe loy !*

#### EOLE.

*Calmez une inutile rage,*
*Obéiffez à vôtre Roy.*

#### CHOEUR.

*Laiffez-nous fortir d'efclavage,*
*Ouvrez-nous la route des airs ;*
*Laiffez-nous porter le ravage*
*Et fur la terre & fur les mers.*

b

IDOME'NE'E,

### EOLE.
*Calmez une inutile rage.*

### CHOEUR.
*O contrainte fatale ! ô rigoureuſe loy !*
*Laiſſez-nous ſortir d'eſclavage.*

### EOLE.
*Obéiſſez à vôtre Roy.*

On entend une Symphonie agréable , qui annonce
VENUS.

# SCENE II.

## VENUS, EOLE,

### TROUPE d'AQUILONS.
### EOLE.

*Q Velle douce harmonie*
*A des fiers Aquilons ſuſpendu le courroux !*
*L'horreur de ces lieux eſt bannie !*

EOLE voyant VENUS, va la recevoir.

*O Reine de Cythere , ô Venus, eſt-ce vous ?*
*Quel charme ! tout reſſent vôtre aimable preſence !*
*Juſques dans le ſéjour du tumulte & du bruit,*
*Vos regards font regner le calme & le ſilence:*
*Parlez , qu'exigez-vous de mon obéiſſance ?*
*Dans ces Antres profonds , quel deſſein vous conduit ?*

## VENUS.

Un Vainqueur des Troyens fend la liquide plaine :
Des rives de la Crete, écarte ses vaisseaux ;
Ordonne aux Aquilons de soûlever les eaux,
Et de servir ma juste haine.

## EOLE.

Brisez vos fers, partez Vents orageux,
De la Mere d'Amour allez remplir les vœux.

Les AQUILONS sortent de leurs fers.

## EOLE, ET VENUS.

Allez, partez, volez, signalez vôtre zele,
Aquilons, armez-vous d'une fureur nouvelle.

Les AQUILONS s'envolent.

## VENUS.

Je vais remplir ta Cour
Des Nymphes & des Dieux soumis à ma puissance :
Tandis que tes Sujets exercent ma vengeance,
Les miens viendront t'offrir les charmes de l'Amour.

Reconnoi la voix de ta Mere,
Vainqueur des Mortels & des Dieux,

Descens, Amour, vien dans ces lieux,
Condui les Ris, les Jeux, empressez à te plaire :

Reconnoi la voix de ta Mere,
Vainqueur des Mortels & des Dieux.

Les AMOURS, les GRACES, les PLAISIRS, toute la Cour
de VENUS & les DIVINITEZ de la Mer viennent dans les
Cavernes d'EOLE, & forment le Divertissement.

b ij

✳✳✳✳✳✳✳ ✳✳✳✳✳✳✳✳✳✳✳✳✳✳✳✳✳✳✳✳✳✳✳✳ ✳✳✳✳✳✳✳✳

# SCENE III.

## E O L E ,  V E N U S ,

Suivants de V E N U S , A M O U R S , G R A C E S
E T  P L A I S I R S.

## V E N U S  E T  L E S  C H O E U R S.

CHantez le Dieu charmant qui nous donne des fers,
Ah! qu'il eſt de douceurs dans ſon heureux empire!

Quels ſont les tranſports qu'il inſpire!
Jugez de ſes plaiſirs, ſes tourments nous ſont chers!
Chantez le Dieu charmant qui nous donne des fers,
Ah! qu'il eſt de douceurs dans ſon heureux empire!

## V E N U S.

Coulez Ruiſſeaux, dans vôtre cours
Que vous ſert-t-il de prendre
De longs détours?
Dans l'empire des mers vous viendrez-tous vous
rendre.
Vous auſſi, jeunes Cœurs,
Vous avez beau vous défendre
Des tendres ardeurs,
Dans l'empire d'Amour vous viendrez-tous vous
rendre.

Le Divertiſſement continuë.

## CHOEUR DES GRACES.

*Jeunes Beautez, cédez à la tendreſſe,*
*Profitez bien du printemps de vos jours:*
*Un Zephir vole avec moins de viteſſe*
*Que les inſtants qui ſont dûs aux Amours.*

*Rien ne ſçauroit en arrêter la courſe,*
*Ainſi que l'onde, ils paſſent pour toûjours:*
*Quand une fois elle a quitté ſa ſource,*
*C'eſt ſans eſpoir d'y reprendre ſon cours.*

## TOUS LES CHOEURS.

*Triomphez à jamais, regnez puiſſants Vainqueurs,*
*Amours, tendres Amours, enchaînez tous les cœurs.*

## FIN DU PROLOGUE.

# ACTEURS
## DE LA TRAGEDIE.

IDOME'NE'E, *Roy de Crete,*     Monfieur Chaffé.

ARCAS, *Confident d'Idoménée,*    Monfieur Dumaft.

IDAMANTE, *Fils d'Idoménée, Amant d'Ilione,*   Monfieur Tribou.

ARBAS, *Suivant d'Idamante,*     Monfieur Gouget.

ILIONE, *Princeffe Troyenne, Fille de Priam,*
*aimée* d'IDOME'NE'E & d'IDAMANTE,   Mademoifelle Lemaure.

ELECTRE, *Fille d'Agamemnon, Amante*
*d'Idamante,*      Mademoifelle Pelliffier.

NEPTUNE,      Monfieur Dun.

VENUS,      Mademoifelle Eermans.

LA JALOUSIE,      Monfieur Cuvillier.

PROTE'E,      Monfieur Jolly.

SIX SACRIFICATEURS DE NEPTUNE,

Meffieurs Jolly, Gouget, Dautrep, Dubrieul, Combeau, Houbeau.

*Une Cretoife,*      Mademoifelle Petitpas.

*Troupe de Cretois & de Troyens.*

*Suite de la Jaloufie.*

*Troupe de Matelots.*

*Deux Bergeres,*      Mefdemoifelles Petitpas, & Mignier.

*Une Cretoife,*      Mademoifelle Petitpas.

*Troupe de Bergers de Paftres, & d'Argiens.*

NEMESIS,      Monfieur Cuvillier.

*La Scene eft dans Sydonie, Capitale de la Crete.*

# DIVERTISSEMENTS
## de la Tragedie.

---

## PREMIER ACTE.
### CRETOIS ET CRETOISES;
Messieurs Dangeville, Javilliers, P-Dumoulin,
Mesdemoiselles Thybert, Durocher.

### TROYENS ET TROYENNES;

Monsieur D-Dumoulin;

Monsieur Laval, Mesdemoiselles Mariette, Richalet;
Messieurs Dumay, Matignon, Dupré.
Mesdemoiselles Lamartiniere, Feret, Rabon.

---

## SECOND ACTE.
### Suivants de la JALOUSIE;

Monsieur Dupré;

Messieurs Savar, Tabary, Dumay, Dupré, Maltair-L.,
Hamoche, Bontemps, Matignon.

---

## TROISIE'ME ACTE.
### FESTE MARINE;
Mademoiselle Camargo;

Messieurs Dangeville, P-Dumoulin, F-Dumoulin,
Dumay, Dupré.
Mesd. Rabon, Richalet, Feret, Durocher, Thybert.

## QUATRIE'ME ACTE.

### *BERGERS ET BERGERES;*

Monſieur D-Dumoulin , Mademoiſelle Camargo ;

Meſſieurs Dangeville , P-Dumoulin , F-Dumoulin, Maltair-L. , Matignon , Bontemps.

Meſdemoiſelles Thybert , Durocher, Richalet, Lamartiniere , Feret , Rabon.

## CINQUIE'ME ACTE.

### *PEUPLES DE CRETE;*

Monſieur Laval , Mademoiſelle Mariette ;

Meſſieurs Matignon , Tabary , Savar , Dumay , Dupré.

Meſdemoiſelles Richalet , Thybert , Durocher, Feret , Lamartiniere.

IDOME'NE'E,

# IDOMÉNÉE,

## *TRAGEDIE.*

## ACTE PREMIER.

Le Theâtre repréſente le Palais des Rois de Crete.

## SCENE PREMIERE.

### ILIONE.

Venez, Gloire, Fierté, combattez dans mon cœur,
  L'Amour qui cherche à me ſurprendre :
Helas ! attendez-vous qu'il en ſoit le vainqueur,
Pour me le reprocher, ſans oſer me défendre ?
Venez, Gloire, Fierté, combattez dans mon cœur,
  L'Amour qui cherche à me ſurprendre.

A

*Idoménée envain me presenta ses vœux,*
*Dans les champs Phrigiens j'ay méprisé sa flâme,*
*Ah ! faut-il que son Fils pour moy plus dangereux,*
*Porte le trouble dans mon ame ?*

*Depuis que la fureur des eaux,*
*Presqu'à l'aspect de cette rive,*
*Des fiers Vainqueurs de Troye écartant les Vaisseaux,*
*N'en épargna qu'un seul qui m'amenoit captive ;*
*Que me sert d'oposer mon Devoir, ma Raison*
*Au soin d'un Prince trop aimable ?*
*La Fille de Priam luy paroît préferable*
*A la Fille d'Agamemnon !*
*Electre en cette Cour doit me porter envie...*

*Mais, devrois-je m'entretenir*
*De ce qui peut troubler le reste de ma vie ?*
*Bannissons-en le souvenir.*

*Idamante paroît.... Que je crains sa presence !*
*Gloire, Fierté, venez, & prenez ma défense.*

## SCENE II.

### IDAMANTE, ILIONE,
suite d'IDAMANTE.

IDAMANTE, à sa suite.

RAssemblez les Troyens, allez, & que ma cour
S'apprête à celebrer ce jour.

à ILIONE.

Un doux espoir succede à ma tristesse :
Minerve qui prend soin du bonheur de la Grece,
A dérobé mon Pere à la fureur des eaux,
Sur les prochaines Mers on a vû ses vaisseaux.
Du lieu qui nous ravit son auguste présence,
Arbas est allé s'informer.

### ILIONE.

Minerve prend sa défense,
Rien ne doit vous allarmer.

Les Troyens ont des Dieux épuisé la colere.

### IDAMANTE.

Cessez pour les Troyens de redouter le Sort,
Je veux faire pour eux ce qu'auroit fait mon Pere,
Si le Ciel avec vous l'eût conduit sur ce bord.

A ij

## IDOME'NE'E,

Princeſſe, pour finir leurs peines,
Je vais les mettre en liberté:
Déſormais les Captifs que fait vôtre beauté,
Seront les ſeuls icy qui porteront des chaînes.

## ILIONE.

Que dites-vous, Seigneur? la colere des Dieux
A des pleurs éternels a condamné mes yeux:
C'eſt par leur implacable haine,
Que les Murs d'Ilion, ces Murs ſi glorieux,
Ne ſont plus qu'une vaſte Plaine.

## IDAMANTE.

Venus en a puny les Grecs victorieux.

Agamemnon au ſein de ſa Patrie
A vû ternir ſa gloire & terminer ſes jours.
Dans ces lieux Electre bannie,
Pour en venger la mort, implore du ſecours.
Venus qui nous pourſuit ſans ceſſe,
N'a pas aſſez ſur eux aſſouvy ſa rigueur:
Vos yeux ſervent encor cette fiere Déeſſe,
Plus puiſſants que les ſiens, ils vengent ſur mon cœur,
Les maux que vous a fait la Grece.

## ILIONE.

Qu'entends-je?

## IDAMANTE.

Le Fils de Venus
M'accable de tourmens qui m'étoient inconnus.

*La Guerre caufa vos allarmes,*
*Elle vous fit verfer des pleurs:*
*L'Amour s'eſt ſervi de vos charmes*
*Pour me punir de vos malheurs.*

*Mais, j'allume vôtre colere,*
*Vous rougiſſez de mon amour !*

## ILIONE.

*Puis-je trop m'irriter d'un aveu témeraire ?*
*Avez-vous oublié qui nous donna le jour ?*

## IDAMANTE.

*Les Dieux ont fait le crime*
*Qui me rend odieux :*
*Seray-je la victime*
*De la faute des Dieux ?*

## ILIONE.

*O Ciel !*

## IDAMANTE.

*Soûmis à vôtre empire,*
*Je perdray, s'il le faut, la lumiere des cieux :*
*Ah! ſi vous voulez que j'expire,*
*Vôtre bouche n'a qu'à me dire*
*Ce que je crois voir dans vos yeux.*

On ameine les Captifs Troyens.

### ILIONE.

Des Troyens échapez à la fureur des armes,
Je vois les restes malheureux.

### IDAMANTE.

Je vais briser leurs fers, & finir leurs allarmes,
Mais, je ne puis pour moy ce que je fais pour eux.

***********************************************

# SCENE III.

## IDAMANTE, ILIONE,
Troupe de Cretois, Troupe de Troyens.

### IDAMANTE.

Quittez vos fers : Et vous soûmis à ma puissance
    Habitans de ces lieux,
    Qu'une éternelle intelligence
Assemble dans ce jour deux Peuples glorieux.
Helene fit armer & l'Asie & la Grece,
    Mais, leurs combats doivent finir ;
    Une plus aimable Princesse
    Vient de les réünir.

### CHOEUR.

Chantons, celebrons sa victoire,
D'une guerre fatale elle éteint le flambeau :
    L'amour seul fait sa gloire,
Chantons un triomphe si beau.

Les Cretois & les Troyens forment un Divertissement.

## UNE CRETOISE.

Tout fe rend aux traits
 De la Beauté ;
Qui peut voir fes attraits ,
 Sans être enchanté ?

L'amour que fans ceffe elle infpire ,
 Luy donne l'empire
 De tous les cœurs :
 Ses nœuds font de fleurs ,
 Pour ceux qu'elle attire ,
 Qu'ils ont de douceurs !

 Tout fe rend aux traits
 De la Beauté ;
 Qui peut voir fes attraits ,
 Sans être enchanté ?

Chacun à luy plaire s'empreffe ,
 L'aimable Jeuneffe
 La fuit toûjours :
 Le Dieu des Amours
 Jamais ne nous bleffe ,
 Que par fon fecours.

 Tout fe rend aux traits
 De la Beauté ;
 Qui peut voir fes attraits ,
 Sans être enchanté ?

# IDOMENÉE,

## LA MESME CRETOISE.

Non, non, jamais de liberté,
Quand c'est l'Amour qui nous enchaine.

Un Amant en est enchanté,
Il se plaît même dans sa peine.

Non, non, jamais de liberté,
Quand c'est l'Amour qui nous enchaine.

Lassé des fers d'une inhumaine
Il ose appeller la fierté ;
Mais, si la Raison la rameinc,
Le cœur luy répond irrité :

Non, non, jamais de liberté,
Quand c'est l'Amour qui nous enchaîne.

※※※※※※※※※※※※※※※※※※※※※※※※※※

# SCENE IV.

## ELECTRE, ILIONE, IDAMANTE,
### & les mêmes Acteurs.

## ELECTRE, à IDAMANTE.

SEigneur, à tous les Grecs vous faites un outrage,
Vous protegez leurs Ennemis !

## IDAMANTE.

Princesse, c'est assez de les avoir soûmis,
Leur bonheur sera mon ouvrage.

SCENE V.

## SCENE V.

### ARBAS, & les mêmes Acteurs.

### IDAMANTE.

MAis, Arbas de retour ! Que m'anoncent tes
pleurs ?

### ARBAS.

Ah ! Seigneur, apprenez le plus grand des malheurs...

### IDAMANTE.

Le Roy n'est plus !

### ARBAS.

J'ay sçû son infortune,
Sur un bord étranger il a trouvé la mort :
Ce que Mars n'avoit pû, l'implacable Neptune
Du plus grand des Heros a terminé le sort.

### IDAMANTE, à ILIONE.

Vous voyez la douleur dont mon ame est saisie,
Le Ciel venge vos déplaisirs.

### ILIONE.

Malgré les malheurs de l'Asie,
Moy-même à ce Heros je donne des soûpirs.

B

## SCENE VI.

### ELECTRE.

SOn Pere ne vit plus! contre moy tout conspire,
    Il peut avec son cœur disposer d'un Empire:
Il adore Ilione, & je n'en puis douter!
Ah! d'un trouble fatal je me sens agiter.

A mes yeux, aux yeux de la Grece,
Une Esclave Troyenne a merité son choix!
Et moy Fille d'un Roy maître des autres Rois,
Je ressens pour l'Ingrat une vaine tendresse!

Fureur, je m'abandonne à vous,
Eclatez, servez ma vengeance.

Pour me soûmettre à sa puissance,
L'amour me promettoit le bonheur le plus doux:
Lorsque mon cœur séduit se rend sans resistance,
De son plus funeste courroux
Il me fait ressentir toute la violence.

Fureur, je m'abandonne à vous,
Eclatez, servez ma vengeance.

J'auray du moins recours à la seule esperance
Qui soûlage les cœurs malheureux & jaloux.

Fureur, je m'abandonne à vous,
Eclatez, servez ma vengeance.

## FIN DU PREMIER ACTE.

# ACTE SECOND.

Le Theâtre repréfente les bords de la Mer agitée par une tempête affreufe : Tout le fonds eft rempli de Vaiffeaux brifez, qui ont fait naufrage. La nuit eft répanduë par tout. On entend le bruit du Tonnerre ; & de temps en temps des éclairs partent dans l'air.

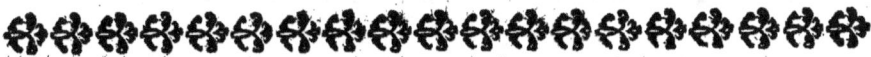

## SCENE PREMIERE.

C H OE U R de Peuples qui font naufrage.

Dieux ! ô juftes Dieux ! donnez-nous du
  fecours ;
Les Vents, les Mers, le Ciel, tout menace nos jours !

********************************

# SCENE II.

## NEPTUNE sort de la Mer.

### NEPTUNE.

CEssez de soûlever les ondes,
Vents orageux, cessez :
Rentrez dans vos prisons profondes,
Neptune parle, obeïssez.

La Tempête cesse. IDOME'E'E & des GUERRIERS
de sa suite paroissent.

*à IDOME'E'E.*

Ne crain plus les outrages
Des flots & des vents ennemis ;
Mais, offre-moy sur ces rivages,
L'hommage que tu m'as promis.

NEPTUNE rentre dans la Mer, le jour revient, & le calme
succede à la Tempête.

********************************

# SCENE III.

## IDOME'E'E, ARCAS.

### ARCAS.

LA Paix regne par tout sur les humides plaines.

### IDOME'E'E.

Que ne peut-elle, helas ! passer jusqu'en mon cœur !

### ARCAS.

D'Idoménée encor qui peut causer les peines ?
Tout conspire à vôtre bonheur.

## IDOMENE'E.

*Lieux sacrez, où j'ay pris naissance,*
*Vous aviez des attraits pour moy ;*
*Aprés une si longue absence,*
*Faut-il, qu'en vous voyant, je fremisse d'effroy ?*

## ARCAS.

*Que dites-vous, Seigneur ?*

## IDOMENE'E.

*Dans l'horreur du naufrage,*
*Pour ravir à la mort mes sujets allarmez,*
*Appren les vœux que j'ay formez :*
*Vœux indiscrets, trop tard vous troublez mon courage ;*
*Si Neptune en courroux faisoit cesser l'orage,*
*J'ay juré d'immoler le premier des Humains*
*Que je verray sur ce rivage ;*
*Dans le sang innocent dois-je tremper mes mains ?*

## ARCAS.

*O Ciel !*

## IDOMENE'E.

*Laisse-moy seul attendre la victime.....*
*Je la vois qui s'approche, helas ! quel est son crime ?..*
*Je frémis de son sort : faut-il, ô justes Dieux,*
*Que ce vœu trop cruel vous semble legitime ?*
*Quelle douleur est peinte dans ses yeux !*

IDOMENE'E se retire au fond du Theâtre,
parmy les débris des Vaisseaux.

✳✳✳✳✳✳✳✳✳✳✳✳✳✳✳✳✳✳✳✳✳✳✳✳✳✳✳✳✳✳✳✳✳✳✳✳

# SCENE IV.

## IDAMANTE, IDOMENE'E,

### IDAMANTE, à part.

SOyez témoins de mon inquietude,
 Bords écartez, Rochers affreux,
Je viens chercher la solitude,
Que vôtre horreur convient à mon sort rigoureux !

Il apperçoit IDOME'NE'E.
Parmi les débris d'un naufrage,
Un Guerrier inconnu paroît sur ce Rivage !
Apprenons ses malheurs, pour en finir le cours.

à IDOME'NE'E.
Genereux Inconnu, dissipez vôtre trouble,
Je puis dans ces climats vous offrir du secours.

### IDOME'NE'E, à part.

Plus je le voy, plus ma douceur redouble !
à IDAMANTE.
Quel prix recevrez-vous en conservant mes jours ?

### IDAMANTE.

Le seul plaisir de vous défendre
Suffira pour combler mes vœux :
Mes malheurs ont trop sçû m'apprendre
A secourir les malheureux.

Un Roy renommé par ses armes,
Craint de ses Ennemis, adoré dans sa cour,
De l'Univers entier la terreur, & l'amour,
Accablé par les Dieux....

### IDOMENE'E, à part.

Ah ! que je sens d'allarmes !

### IDAMANTE.

Idomenée a peri sous les flots.,.
Mais, quoy ! vous soûpirez, vous répandez des larmes,
Avez-vous connu ce Heros ?

### IDOMENE'E.

Ah ! de tous les Mortels c'est le plus déplorable,
Rien ne sçauroit fléchir le destin qui l'accable.

### IDAMANTE.

Que dites-vous ? voit-il encor le jour ?

### IDOMENE'E.

D'où naît pour luy ce tendre amour ?

### IDAMANTE.

Que ne puis-je à ses yeux montrer cette tendresse ?
Le bruit de ses exploits reverez dans la Grece,
A toujours animé mon cœur :
Ah ! lorsqu'aux champs Troyens il cherchoit la victoire,
Que n'ay-je pû, témoin de sa valeur,
En bravant le trépas, prendre part à sa gloire !

### I D O M E N E' E, à part.

Quel courage ! grands Dieux, que n'avez-vous comblé
De gloire & de splendeur une si belle vie ?
    à I D A M A N T E.
Pourquoy de vos discours me sens-je ainsi troublé ?

### I D A M A N T E.

De quel trouble moy-même ay-je l'ame saisie ?
Je ne puis retenir mes pleurs. . . . .

### I D O M E N E' E.

D'où vient qu'Idoménée excite vos douleurs ?
Un penchant inconnu dont je ne suis plus maître
D'une secrete horreur a frapé mes esprits.
    Ne pourray-je enfin vous connoître ?

### I D A M A N T E.

Helas !

### I D O M E N E' E.

    Expliquez-vous, parlez. . . .

### I D A M A N T E.

             Je suis son Fils.

### I D O M E N E' E.

    Son Fils ? ô Sort impitoyable !
Dieux cruels ?

### I D A M A N T E.

    Comme moy déplorez-vous son sort ?
    Par la douleur qui vous accable
De ce Heros si cher m'annoncez-vous la mort ?
            I D O M E N E' E.

## IDOMENÉE.

*Idamante!*

### IDAMANTE.

*Qu'entends-je?*

### IDOMENÉE.

Ô vengeance celeste,
A quoy m'avez-vous destiné?
D'une amitié si tendre, Objet infortuné,
Je vous voy, que pour moy c'est un plaisir funeste!

### IDAMANTE.

Mon nom vous est connu! vous fremissez pour moy!
Daignez à vôtre tour m'éclaircir ce mistere.

### IDOMENÉE.

Au trouble de mes sens, à ce mortel effroy,
Mon Fils, connoissez vôtre Pere.

### IDAMANTE.

Mon cœur n'en doute plus: C'est vous que je revoy!
A mes empressements souffrez que je me livre,
Souffrez que dans vos bras...quel est ce desespoir?
Pourquoy me fuyez-vous?

### IDOMENÉE.

Gardez-vous de me suivre,
Pourquoy m'avez-vous vû! craignez de me revoir.

*Il sort.*

### IDAMANTE.

Qu'entends-je? Quelle est ma disgrace?
Suivons ses pas, sçachons quel destin me menace.

C

## SCENE·V.

### ELECTRE.

IL me fuit le Cruel! il méprise mes vœux!
Non, ce n'est point encor ma plus cruelle peine ;
  Mon destin seroit trop heureux,
Si je ne sçavois pas qu'il porte une autre chaîne.

Un cœur à qui l'amour ne fût jamais connu,
Par des soins aisément cesse d'être tranquile ;
  Mais qu'il est difficile
  De fléchir un cœur prévenu !

Implacable Venus, trop cruelle Déesse,
Si tu veux par tes feux punir toute la Grece,
Qu'il éprouve l'horreur de mes tourmens secrets :
  Exerce, rempli ta vengeance,
Qu'il aime, & comme moy, qu'il ressente tes traits,
  Sans qu'il puisse avoir d'esperance.

## SCENE VI.

VENUS dans son Char, ELECTRE.

### ELECTRE.

*LA Déesse paroît... O Mere des Amours,*
*Vous, dont j'implore la puissance,*
*Vengez-vous sur son cœur, mais épargnez ses jours.*

### VENUS.

*Je sçauray traverser un amour qui m'offense :*
*Laisse-moy dans ces lieux,*
*Ta vengeance est commune avec celle des Dieux.*

VENUS descend de son Char.

C ij

***

## S C E N E  VII.

## V E N U S.

*VOus, des tendres Amours compagne inséparable,*
 *Qui changez en tourmens les plaisirs les plus doux,*
*Cruelle Jalousie, accourez, armez-vous*
  *Du poison le plus redoutable.*

  *Prenez ces traits, dont le pouvoir*
*Brise les nœuds sacrez du sang, de la nature,*
*Ces traits, qui dans les cœurs étoufent le murmure*
  *De la raison, & du devoir.*

*Vous, des tendres Amours compagne inséparable,*
*Qui changez en tourmens les plaisirs les plus doux,*
*Cruelle Jalousie, accourez, armez-vous*
  *Du poison le plus redoutable.*

## SCENE VIII.
### VENUS, LA JALOUSIE,
Suite de la JALOUSIE.
### LA JALOUSIE.

*Nous obeïſſons à ta voix,*
*C'eſt l'Amour qui nous a fait naître,*
*Tu peux nous preſcrire des loix,*
*Nôtre zele eſt prêt à paroître.*
### VENUS.
*Pour ſervir mon couroux,*
*Préparez, préparez vos plus funeſtes coups.*
### CHŒUR.
*Signalons nôtre barbarie,*
*Irritons nos Serpens, allumons nos flambeaux,*
*Verſons nôtre poiſon ſur les feux les plus beaux,*
*Transformons l'Amour en Furie.*

On danſe.

### LA JALOUSIE.
*D'un amour qui s'éteint je rallume la flâme,*
*Je trouble les cœurs innocens,*
*Lorſque je m'empare d'une ame,*
*Tout céde à mes tranſports puiſſants;*
*Par les traits de la Jalouſie,*
*On eſt en droit de tout tenter,*
*Lorſqu'une ame en eſt bien ſaiſie,*
*Le crime ne peut l'arrêter.*

On danſe.

## CHOEUR.

*Que les soupçons, que les allarmes*
*Accompagnent par tout nos pas:*
*C'est dans le sang, c'est dans les larmes*
*Que nous trouvons de doux appas.*

## VENUS.

*Au cœur d'Idoménée inspirez la terreur:*
*Contre son propre Fils, allumez sa fureur.*

## FIN DU SECOND ACTE.

# ACTE TROISIEME.

Le Theâtre repréfente le Port de Sidonie,
& plufieurs Vaiffeaux en rade.

## SCENE PREMIERE.

### IDOME'NE'E, ARCAS.

### IDOME'NE'E.

N E condamne point mes tranfports.
Puis-je trop éclater contre un pouvoir funefte,
Qui par un foin que je détefte,
M'a fait revoir ces triftes bords?

Devois-tu diffiper l'orage,
Dieu cruel!

### ARCAS.
Ah! calmez le trouble où je vous voy.

### IDOME'NE'E.
Quand tu me fauves d'un naufrage,
Tu m'offres des perils plus à craindre pour moy.

I D O ME'N E'E,

ARCAS.

*Dieux, que vôtre colere cesse.*

IDOME'NE'E.

*Connois mieux ces Tyrans sous qui nous fremissons,*
*Après avoir causé le peril qui nous presse,*
*Insensibles aux vœux que nous leur adressons;*
*Ils se font un plaisir de voir nôtre foiblesse.*

*Mon Fils... Ah ! sans horreur puis-je le prononcer,*
*Mon Fils, sur tes Autels serviroit de victime?*
*Non, dans le couroux qui m'anime,*
*J'iray plûtôt les renverser.*

*Si d'un Dieu trop cruel je suy l'Arrest funeste,*
*Puissent contre mes jours les autres Dieux s'unir!*
*Et du haut du Ciel que j'atteste,*
*Lancer la foudre & me punir....*

*Mais quel feu secret me dévore?*
*Je n'ay pû, sans trembler, apprendre que mon Fils*
*Avoit brisé les fers de celle que j'adore,*
*Mon Fils en seroit-il épris?*

*Fuyez, jaloux Soupçons, fuyez cruelle Image.*

ARCAS.

*Vous pouvez l'éloigner de ce fatal rivage.*

IDOME'NE'E.

*C'est l'unique moyen d'assurer mon repos:*
*Je veux que dès ce jour, signalant son courage,*
*Il aille rétablir Electre dans Argos.*

*Je*

*Je connois ton zele sincere,*
*Des perils que je crains cache bien le mistere :*
*Va presser son départ, va, cours tout preparer.*
  *Je vois Ilione paroître...*
*Fuyons... qui me retient ? Ciel ! je cherche peut-être*
  *Ce que je devrois ignorer.*

✱✱✱✱✱✱✱✱✱✱✱✱✱✱✱✱✱✱✱✱✱✱✱✱✱✱✱✱✱✱✱✱✱✱✱✱✱✱✱✱✱✱

## SCENE II.

### ILIONE, IDOME'NE'E.

### IDOME'NE'E.

*JE dois être jaloux qu'un autre ait eû la gloire*
  *De vous rendre la liberté :*
   *C'étoit une félicité,*
  *Dont m'avoit flaté la Victoire.*
*J'espérois dans ma cour un retour plus heureux ;*
  *Après mille perils affreux,*
  *Je sens de nouvelles allarmes :*
  *Ah ! sans la colere des Dieux,*
*Qu'il m'auroit été doux de pouvoir en ces lieux*
*De ma main, de mon rang, faire hommage à vos charmes !*

### ILIONE.

*Ciel ! quels sont ces honneurs que vous me proposez ?*
*Oubliez-vous les maux que vous m'avez causez ?*
*Dans Troye abandonnée à la fureur des armes,*
  *Parmy les cris, parmy les larmes,*

          D

# IDOMENE'E,

Jusqu'aux autels des Dieux dont j'implorois l'appuy,
Je vous ay vû porter & le fer & la flâme ;
Est-ce par tant d'horreurs, que l'Amour aujourd'huy
Vous auroit gravé dans mon ame ?

## IDOME'NE'E.

Calmez vos déplaisirs, oubliez mes fureurs,
Le ciel m'en fait souffrir la peine :
Ah ! voulez-vous par vôtre haîne
Du malheur qui me suit redoubler les horreurs ?

## ILIONE.

Qui pourroit effacer le souvenir fidelle
De mes malheurs passez.

## IDOME'NE'E.

Je vous entends, Cruelle,
Mieux que vous ne pensez.

Lorsque vous refusez d'unir mon sort au vôtre,
Je sçais ce qui fait vôtre effroy :
C'est moins vôtre haîne pour moy,
Qu'un amour secret pour un autre.

## ILIONE.

Quels soupçons outrageans !..

## IDOME'NE'E.

Un Fils audacieux
A sçû plaire à vos yeux.

Ce Fils sera bien-tôt peut-être trop à plaindre,
Ne pressez point son sort fatal:
Parmy les malheurs qu'il doit craindre,
Voulez-vous à mes yeux l'offrir comme un Rival?

## ILIONE.

Non, ne le croyez pas, mon cœur n'est point sensible...

## IDOMENEE.

Vous fremissez?... Il est aimé!

## ILIONE.

Je fremis du projet horrible
Que vous avez formé.

## IDOMENEE, ILIONE.

Tremblez, redoutez la vengeance
D'un Roy } contre vous irrité.
Du Ciel

## ILIONE.

Le Tonnerre des Dieux si long-temps arrêté,
En aura plus de violence.

## IDOMENEE.

Plus l'Amour a souffert de vôtre résistance,
Plus il aura de cruauté.

## ENSEMBLE.

Tremblez, redoutez la vengeance
D'un Roy } contre vous irrité.
Du Ciel

D ij

## I L I O N E.

Hâte-toy de lancer les coups que tu prepares,
Après tous les forfaits que ton bras a commis,
Il ne manqueroit plus à tes fureurs barbares
    Que d'immoler encor ton Fils.

✳✳✳✳✳✳✳✳✳✳✳✳✳✳✳✳✳✳✳✳✳✳✳✳✳✳✳✳✳✳✳

# S C E N E   I I I.

## I D O M E´ N E´ E.

Que d'immoler mon Fils ! . . quel trouble dans
        mon ame
    Ce discours vient-il de jetter !
Jaloux ressentiment, loin de vous écouter,
    Je dois rougir d'une honteuse flâme.
Mon Fils est condamné ; c'est le crime des Dieux,
    Mais l'amour en feroit mon crime :
Loin de le perdre, il faut que l'ardeur qui m'anime
Serve à luy conserver la lumiere des cieux.

N'exerce point sur moy ta cruelle puissance,
    Amour, je ne puis t'obeïr :
    Ah ! falloit-il à ma vengeance,
Presenter un Rival, que je ne puis haïr.

Electre vient. Il faut, dans mon desordre extrême,
    L'éloigner de ces bords,
J'anime ma vertu ; mais, malgré mes efforts,
Je crains le Dieu des mers, & l'Amour, & moy-même.

## SCENE IV.

## ELECTRE, IDOME'NE'E.

### ELECTRE.

*VOtre bonté s'interesse pour moy,*
*J'ay sçû d'Arcas tout ce que je vous doy:*
  *Quelle reconnoissance*
  *Peut m'acquitter de vos biens-faits ?*
  *Par vous, je goûte l'esperance*
*De voir bien-tôt punir de rebelles Sujets.*

### IDOME'NE'E.

*Mon Fils prendra vôtre défense,*
*Et je vais le presser de remplir vos soûhaits.*

## SCENE V.

### ELECTRE.

*Que mes plaisirs sont doux ! non, rien ne les égale,*
  *Je pars avec l'Objet dont je me sens charmer !*

*Si je puis l'éloigner des yeux de ma Rivale,*
  *Les miens pourront se faire aimer.*

*Que mes plaisirs sont doux ! non, rien ne les égale,*
*Je pars avec l'Objet dont je me sens charmer !*

## SCENE VI.

ELECTRE, Troupe d'Argiens, de Cretois,
& de Matelots, Chantants & Dansants.

### ELECTRE.

JE vois des Argiens la troupe impatiente.
  Rivages, où l'amour m'a coûté tant de pleurs,
D'un espoir trop charmant on flate mon attente,
  Je vous pardonne mes douleurs.

### CHOEUR.

Embarquons-nous, partons, tout répond à nos vœux,
  On n'entend plus de vent qui gronde:
  Le calme qui regne sur l'onde,
  Nous assure d'un sort heureux.

*On danse.*

### ELECTRE.

Venez, répondre à nos desirs,
Volez, favorables Zephirs:
Calmez les vastes mers, que vos seules haleines
  Servent à regler nôtre cours:
  Puisse l'Objet de vos amours
Ne vous donner ainsi que d'agreables chaînes.

  Venez répondre à nos desirs,
  Volez, favorables Zephirs.

*On danse.*

ELECTRE.

*Aimable Esperance,*
*Regne dans les cœurs :*
*Tu fais la constance*
*Des tendres ardeurs.*

*Quand l'Amour s'envole,*
*Tu viens le flater ;*
*Ta voix le console*
*Et sçait l'arrêter.*

*Aimable Esperance,*
*Regne dans les cœurs :*
*Tu fais la constance*
*Des tendres ardeurs.*

*Ta douceur extrême*
*Est un don charmant,*
*Qui vaut le bien même*
*Qu'on cherche en aimant.*

*Aimable Esperance,*
*Regne dans les cœurs :*
*Tu fais la constance*
*Des tendres ardeurs.*

Le Divertissement continuë.

SCENE VII.

## SCENE VII.

IDOME'NE'E, IDAMANTE, ELECTRE,
& les Acteurs de la Scene précedente.

IDOME'NE'E, à IDAMANTE.

*A*Llez, Prince, partez.

I D A M A N T E, à part.
*O Ciel !*

I D O M E'N E'E.

*C'est trop attendre.*
*Signalez-vous par des exploits fameux :*
*Pour apprendre à regner, commencez à vous rendre*
*L'appuy des Malheureux.*

IDOME'NE'E veut faire embarquer les Argiens.

On entend un bruit épouvantable ; la Mer se soûleve,
& les Vents forment une Tempête.

## C H OE U R.

*Quel bruit ! quels obstacles nouveaux !*
*C'est Protée en courroux, qui paroît sur les eaux !*

E

## SCENE VIII.

### PROTE'E sortant de la Mer,
### Et les mêmes Acteurs de la Scene précédente.

### PROTE'E.

JE viens des vastes mers vous fermer les passages.
Roy perfide, d'un Dieu redoute la fureur.

Sortez, causez, d'affreux ravages,
Monstre, répandez la terreur,
Faites par tout sur ces rivages,
Regner l'épouvante & l'horreur.

*Un Monstre sort de la mer.*

### CHOEUR.

Ah! quelle haine! quel courroux!
Neptune, quel forfait t'irrite contre nous?

### IDOMENE'E.

C'est en vain, Dieu barbare,
Que par ces châtimens ton courroux se déclare,
Si tu veux mon trépas, je suis prêt de mourir;
Mais, si pour expier mon crime,
Il te faut une autre Victime,
Ne croy pas que jamais je puisse te l'offrir.

## FIN DU TROISIE'ME ACTE.

# ACTE QUATRIEME.

Le Theâtre représente une Campagne agréable;
& dans l'éloignement, le Temple de Neptune.

## SCENE PREMIERE.

### ILIONE.

Espoir des Malheureux, Plaisir de la vengeance,
 Calmez les maux que j'ay soufferts.

Le Cruel ennemy qui me chargea de fers,
 Du celeste couroux ressent la violence.

Espoir des Malheureux, Plaisir de la vengeance,
Calmez les maux que j'ay soufferts.

 Un Monstre excité par Neptune,
Sur ces bords désolez venge mon infortune.

*Que l'effroy, que l'horreur accompagnent ses pas,*
*Qu'il couvre de mourants cette rive sanglante,*
     *Que de son haleine brûlante*
     *Il porte par tout le trépas.*

     *Que dis-je ? Mon cœur s'épouvante !*
*Qui me fait soupirer ? Ah ! je sens qu'Idamante*
*Pour tous les autres Grecs a calmé mon transport :*
*Il veut de tant de maux délivrer ce rivage...*
*Arrête, cher Amant... Que prétend ton courage ?*
*Tu cherches à perir : Je fremis de ton sort.*
*Dieu des Mers, pour ses jours j'implore ta puissance ;*
*Ilione à ce prix, ne veut point de vengeance.*

## SCENE II.

### ILIONE, IDAMANTE.

### IDAMANTE.

*PRincesse, à vos regards j'ose encore m'offrir,*
     *Mais, vous ne verrez plus un Amant témeraire,*
     *Je ne cherche plus qu'à mourir ;*
     *Mon amour a pû vous déplaire,*
*Ce n'est qu'en expirant, que je puis en guerir.*

## ILIONE.

Vous?

## IDAMANTE.

Si je vous fais une offense
De vous aimer trop tendrement,
Mon crime augmente à tout moment,
N'en differez plus la vengeance.

## ILIONE.

Pourquoy vouloir perir?

## IDAMANTE.

D'un noir trouble agité
Le Roy me fuit, & m'en cache la cause ;
Dans vos fers arrêté,
A de nouveaux ennuis vôtre rigueur m'expose.

Par tout un Monstre affreux
Défole sur ces bords nos Peuples malheureux :
Je vais combattre sa furie,
Ou plûtôt l'exciter à terminer ma vie,
Et des tourments trop rigoureux.

## ILIONE.

Calmez un transport si funeste,
D'un Empire puissant seul vous estes l'espoir.

## IDAMANTE.

Si je ne puis vous aimer & vous voir,
Je ne compte pour rien le reste.

## ILIONE.

à part.                                   à IDAMANTE.

Quel est mon trouble, helas ! Prenez soin de vos jours.

## IDAMANTE.

De mes malheurs je dois finir le cours.

## ILIONE.

Vivez, c'est moy qui vous en presse.

## IDAMANTE.

Qu'entends-je ! adorable Princesse !...

## ILIONE.

Mon trouble, malgré moy,
Vous fait voir ma foiblesse :
Quand vous voulez perir, aurois-je tant d'effroy,
Si je n'avois pas de tendresse ?

## IDAMANTE.

L'ay-je bien entendu ! trop plein de mon ardeur,
Un songe séduisant flateroit-t-il mon cœur ?

## ILIONE.

Ah ! que ne puis-je encor vous cacher cette flâme ?
Mille remords s'emparent de mon ame !
Ma gloire, un devoir rigoureux,
Le souvenir de ma Patrie,
Le sang de mes Ayeux qui murmure, qui crie,
Tout vient me reprocher mes feux.

*Mais enfin, je vous vois dans un péril extrême,*
*Je dois en détourner vos pas ;*
*Je vous le dis encor : oüy, Prince, je vous aime,*
*Je sens que vôtre mort causeroit mon trépas.*

## IDAMANTE.

*Trop heureux le poids de mes chaînes !*
*Quel prix de mes soûpirs !*
*J'ay moins souffert de peines,*
*Que je ne ressens de plaisirs.*

## ILIONE.

*Que vous servira-t-il que mon cœur soit sensible ?*
*C'est peu d'avoir à suivre un devoir trop fatal....*

## IDAMANTE.

*Que puis-je craindre encor ?*

## ILIONE.

*Vous avez un Rival.*

## IDAMANTE.

*Un Rival ! Ciel ! est-il possible ?*
*C'étoit pour moy le coup le plus terrible.*
*Quel Rival m'oseroit disputer vôtre cœur ?*
*Qu'il craigne....*

## ILIONE.

*Redoutez vous-même sa fureur.*

IDOMENÉE,

## IDAMANTE.

Ah ! c'est le Roy !

## ILIONE.

C'est luy.

## IDAMANTE.

Quelle est ta barbarie,
Roy trop cruel ! que dis-je ?... ô Prince infortuné !
C'est de luy que je tiens la vie :
Mais, Ilione m'est ravie,
Il m'ôte, le Cruel ! plus qu'il ne m'a donné.

## ENSEMBLE.

Quel tourment ! quelle peine !
Helas ! faut-il briser une si belle chaîne ?

## IDAMANTE.

Je dois mourir, si je vous perds ;
Ne vous opposez point au destin qui m'appelle.

## ILIONE.

Le Roy paroît ; au nom de l'ardeur la plus belle,
N'exposez point vos jours, si les miens vous sont chers.

SCENE III.

## SCENE III.

### IDOMENE'E, IDAMANTE.

### IDOMENE'E.

Ciel ! que vois-je ! mon Fils au Temple de Neptune !
Prince, que faites-vous ? éloignez-vous d'icy...
Le Dieu qui fait nôtre infortune,
Peut-être par mes vœux fera-t-il adoucy.

### IDAMANTE.

J'y dois joindre les miens, pour le rendre propice.

### IDOMENE'E.

Non, je vous le défends ; non, ne vous trouvez pas
Aux aprêts de ce facrifice,
Allez, précipitez vos pas.

### IDAMANTE.

Seigneur, je n'ofe, belas ! vous appeller mon Pere,
Tous vos regards fur moy ne tombent qu'à regret,
Vous me fuyez encor ! ay-je pû vous déplaire ?
Quel eft mon malheur ? qu'ay-je fait ?

F

I D O M E' N E' E,

## I D O M E' N E' E.

*Un Dieu me fait sentir sa haine,*
*Il a glacé mon cœur d'effroy ;*
*Et tous vos sentimens de tendresse pour moy,*
*Ne font que redoubler ma peine.*
à part.
*Neptune, sur moy seul faites tomber vos coups...*

## I D A M A N T E.

*O Ciel !*

## I D O M E' N E' E.

*En vous voyant, je frémis, je frissonne.*

## I D A M A N T E.

*Ay-je merité son courroux ?*

## I D O M E' N E' E.

*Puissay-je le fléchir sans vous.*

## I D A M A N T E.

*Par quel crime ay-je pû ?..*

## I D O M E' N E' E.

*Partez, je vous l'ordonne.*

## SCENE IV.

IDOMENE'E, Troupe de Sacrificateurs de NEPTUNE, suite d'IDOMENE'E.

### IDOMENE'E.

O Neptune, reçoy nos vœux,
Calme ton courroux rigoureux.

### IDOMENE'E, & les Sacrificateurs.

O Neptune, reçoy nos vœux,
Calme ton courroux rigoureux.

### IDOMENE'E.

Un orage éternel n'agite point les ondes.
Après avoir troublé les flots,
Tu fais rentrer les vents dans leur grottes profondes,
Tu laisses les Mers en repos :
Ta colere pour nous sera-t-elle éternelle ?
Voy, pour la désarmer, nôtre ardeur, nôtre zele.
O Neptune, reçoy nos vœux,
Calme ton courroux rigoureux.

### CHŒUR derriere le Theâtre.

Triomphez, remportez une immortelle gloire.

### IDOMENE'E.

Qu'entends-je ? quels chants de victoire !

## SCENE V.

### IDOME'NE'E, ARCAS,
& les Acteurs de la Scene précédente.

### ARCAS.

PEnetré de douleur en partant de ces lieux,
Vôtre Fils qui cherchoit à terminer sa vie,
A du Monstre cruel attaqué la Furie,
Son bras en est victorieux.

### IDOME'NE'E.

O toy, qui permets sa défaite,
Neptune, exauces-tu mes vœux?

### ARCAS.

Tous les Habitans de la Créte
Célébrent ce triomphe heureux.

## SCENE VI.

IDOME'NE'E, ARCAS, Troupe de CRETOIS,
Troupe de BERGERS & de BERGERES,
Chantants & Dansants.

### CHOEURS.

*Triomphez, remportez une immortelle gloire,*
*Triomphez, aimable Heros,*
*C'est à vôtre victoire*
*Que nous devons nôtre repos.*

### DEUX BERGERES.

*Volez au son de nos Musettes,*
*Volez, tendres Amours, regnez avec la Paix :*
*Ellé ne permet qu'à vos traits*
*De nous troubler dans ces retraites.*

### PREMIERE BERGERE.

*Les troubles que vous excitez,*
*Ne nous causent jamais d'allarmes.*
*Le calme a pour nous moins de charmes,*
*Que les soins renaissants dont vous nous agitez.*

### LES DEUX BERGERES.

*Volez, au son de nos Musettes, &c.*

### SECONDE BERGERE.

*Venez nous apprendre les Loix*
*Qui fondent vôtre aimable Empire,*
*C'est pour les enseigner à tout ce qui respire*
*Que nous allons unir nos voix.*

### LES DEUX BERGERES.

*Volez au son de nos Musettes, &c.*

## PREMIERE BERGERE, & les CHOEURS.

La Paix, & les Plaiſirs tranquiles,
Dans nos hameaux font leur ſéjour:
Nous laiſſons les ſoins inutiles,
A qui ſuit l'éclat de la cour;
Nos cœurs dans ces heureux aziles,
Ne cherchent qu'à plaire à l'Amour.

## SECONDE BERGERE, & les CHOEURS.

Un cœur que la fortune engage,
N'a point le temps d'être amoureux:
Qu'à cette Déeſſe volage
Il aille preſenter ſes vœux;
L'Amour ne veut point de partage,
Il faut être tout à ſes feux.

### I D O M E N E' E.

Neptune a calmé ſa colere,
Triomphons à mon tour d'un amour malheureux,
En uniſſant mon Fils à l'Objet de ſes vœux,
Faiſons céder l'Amant au Pere.
Le Roy ſeul fit un vœu fatal à tout mon ſang,
Ceſſons de l'être: il faut que mon Fils dans mon rang,
Ait pour ſa ſûreté la grandeur ſouveraine:
Heureux! ſi je joüis d'une durable paix!
Grands Dieux, contentez-vous, pour calmer vôtre
haine,
Des ſacrifices que je fais.

## FIN DU QUATRIEME ACTE.

# ACTE CINQUIE'ME.

Le Theâtre repréſente un Lieu preparé pour
le Couronnement d'IDAMANTE. Un Trône
eſt dans le milieu, il eſt couvert d'un Pavillon.

## SCENE PREMIERE.

### ELECTRE, IDAMANTE.

### ELECTRE.

IL eſt donc vray, Seigneur, vôtre Pere eſt calmě?
Il remet en vos mains ſa puiſſance ſuprème,
Il fait plus, & pour vous il s'eſt vaincu
luy-même,
En vous cédant l'Objet dont vous étes charmé.

## IDAMANTE.

*Nous allons être unis des chaînes les plus belles,*
*Rien ne trouble nos feux:*
*Nous étions trop fidelles,*
*Pour n'être pas heureux.*

## ELECTRE.

*Eh bien! il faut que je perisse.*
*Je ne soûtiendray point ce spectacle odieux.*

## IDAMANTE.

*Qu'entends-je!*

## ELECTRE.

*Ingrat, l'aveu que tu fais à mes yeux*
*Devient l'Arrêt de mon supplice.*
*Je t'aimois, il est tems de te le découvrir,*
*Que puis-je craindre encor? je suis prête à mourir.*
*Je me flâtois, credule Amante,*
*Que quelque obstacle enfin pourroit briser tes nœuds;*
*Mais, ton Esclave triomphante*
*Insulte à mon amour méprisé, malheureux!*
*Ah! loin d'être témoin de sa gloire fatale,*
*Que ne puis-je, en perdant le jour,*
*L'entraîner avec moy dans la nuit infernale?*

## IDAMANTE.

*O Ciel! quelle fureur!*

## ELECTRE.

*Dy plûtôt, quel amour!..*
*Helas! par mon courroux, jugez quelle est ma flâme:*
*Que ne puis-je autrement, Prince, vous informer*
*Des secrets de mon ame?*

*Non,*

*Non, non, vous n'aimez pas qui sçait mieux vous*
*aimer.*

à part. à IDAMANTE.

*Il ne m'écoute point... Cruel, crain ma vengeance,*
*Le Roy fut ton Rival, crain que l'amour jaloux*
*Ne reprenne sa violence :*
*Neptune peut encor rallumer son courroux,*
*Je vais implorer sa puissance :*

*Par des malheurs nouveaux dans sa juste fureur*
*Qu'il trouble l'hymen qui s'apprête,*
*Qu'il fasse de ce lieu destiné pour la fête,*
*Aux yeux de ma Rivale, un spectacle d'horreur.*

## IDAMANTE.

*Quelle surprise, Ciel ! ô fatale tendresse !*
*Par quels emportemens ?.. Mais, je vois ma Princesse !*

G

## SCENE II.

### ILIONE, IDAMANTE.

#### ENSEMBLE.

*AH! quel bonheur de vous revoir !*
*L'Amour nous promet tous ses charmes :*
*Je sens que par le seul espoir,*
*Mon cœur est payé de ses larmes.*

#### IDAMANTE.

*Je vais être élevé sur un Trône éclatant,*
*Mais un espoir plus doux fait mon bonheur suprême :*
*C'est assez pour être content*
*De posseder ce que l'on aime.*

#### ENSEMBLE.

*Aimons-nous, aimons-nous toûjours,*
*Portons jusqu'au tombeau de si tendres amours.*

## SCENE III.

### IDOMENÉE, ILIONE, IDAMANTE, & le PEUPLE.

### IDOMENÉE.

*PEuples, pour la derniere fois,*
*Venez obéir à ma voix.*
*Je céde ma Couronne, & c'est un Fils que j'aime,*
*Qui vous dispensera des loix.*
*Je me borne à regner par un autre moi-même.*
à ILIONE.
*Je me fais un effort plus grand, plus glorieux,*
*Princesse, ma flâme est extrême,*
*Et je luy donne un bien plus charmant à mes yeux,*
*Que la grandeur suprême.*

### ILIONE, ET IDAMANTE.

*Regnez, Seigneur, regnez, nous sommes trop heureux,*
*Vous couronnez nos feux.*

### IDOMENÉE.

*Vos feux !... je l'ay promis, cependant je soûpire.*
*Mon cœur voudroit en murmurer,*
à ILIONE.
*Il est permis de soûpirer,*
*Quand on s'arrache à vôtre Empire.*

# IDOMENE'E,

## Aux PEUPLES.

Celebrez un Heros qui va regner sur vous,
   Que vos chants, que vos voix s'unissent,
   Que ces lieux retentissent,
Qu'ils redisent cent fois, que vôtre sort est doux !

Les CHOEURS repetent les Vers qu'IDOMENE'E
   a chantez, & les Peuples commencent
     le Divertissement.

## UNE CRETOISE.

   Gloire brillante,
   Charmants Plaisirs,
De deux cœurs amoureux vous couronnez l'attente,
   Augmentez leurs desirs.

Que la Paix qui succede à de tristes soûpirs
   Rende leur flâme plus constante.

   Gloire brillante,
   Charmants Plaisirs,
De deux cœurs amoureux vous couronnez l'attente,
   Augmentez leurs desirs.

IDOMENE'E dépose son Sceptre & sa Couronne,
   qu'ARCAS reçoit sur un Carreau.

**I D O M E' N E' E, à I D A M A N T E.**

*Je remets en vos mains ces marques éclatantes.*
*Puissent vos vertus triomphantes*
*Soûtenir la splendeur de ce Trône puissant,*
*Venez-vous y placer...*

I D O M E' N E' E, veut conduire I D A M A N T E
au Trône, lorsqu'un bruit affreux se fait entendre,
& annonce N E M E S I S.

*Mais, quel bruit menaçant !*

✳✳✳✳✳✳✳✳✳✳✳✳✳✳✳✳✳✳✳✳✳✳✳✳✳✳✳✳✳✳✳✳✳✳✳✳✳✳✳✳✳

## S C E N E  I V.

N E M E S I S sortant des Enfers , & les Acteurs
de la Scene précédente.

### N E M E S I S.

DU *Souverain des Mers Ennemy téméraire,*
*Penses-tu donc ainsi désarmer sa colere?*
*Voy Nemesis : les Dieux m'ont imposé la loy*
*D'exercer leur vengeance :*
*Que l'Univers avec effroy,*
*Apprenne à respecter leur suprême puissance.*

N E M E S I S rentre dans les Enfers.

Le Trône se brise , & les Furies emportent
le Pavillon qui le couvroit.

✳✳✳✳✳✳✳✳✳✳✳✳✳✳✳✳✳✳✳✳✳✳✳✳✳✳✳✳✳✳✳✳✳✳✳✳✳

# SCENE DERNIERE.

Tous les Acteurs des Scenes précédentes.

### IDOME'NE'E.

*Quel feu dans mon sein se rallume !*
  *Quel trouble renaissant ! quel poison me consume !*
*Où suis-je ? quels objets à mes yeux sont offerts ?*
*Ce Trône est renversé ! quels éclairs ! le tonnerre*
    *Eclate dans les airs !...*
*D'un coup de son trident Neptune ouvre la terre !...*
*Dieu Cruel, regnes-tu jusques dans les Enfers ?*
    *Tu fais sortir les Eumenides !...*
    *Je vois leurs troupes parricides !*
*Quels serpents ! quels flambeaux ! quels sifflements !*
  *quels feux !*
    *Filles du Stix, soyez mes guides,*
*Je vous suis, je ressens tous vos transports affreux.*

### IDAMANTE.

    *O Ciel ! que sa peine finisse.*

### IDOME'NE'E,

  *Quel pouvoir m'a conduit sur ce bord écarté ?*
    *Pour calmer Neptune irrité,*
*Je vois tous les apprêts d'un pompeux sacrifice !*
*J'aperçois la Victime, on l'a paré de fleurs....*
*Ministres, arrêtez : c'est à moy de répandre*
*Ce sang qui va des Dieux appaiser les fureurs.*
    *Qu'elle expire, c'est trop attendre...*

### ILIONE à IDAMANTE.

*Ah ! fuyez cher Amant...*

### IDOMENEE.

*De peur du coup mortel,
La Victime tremblante échape de l'Autel !
\* Tu fuis envain...*

*\* Il suit
son Fils qu'il
prend pour
la Victime &
l'immole dans
sa fureur.*

### ILIONE.

*Arrête... ô fureur inhumaine,*

### IDOMENEE *rentrant sur la Scene.*

*Les Dieux calment leur haine.
Mon trouble est dissipé : que l'on cherche mon Fils.
Quel fer ? quelle Furie en mes mains l'a remis ?..
Je sens une frayeur soudaine !*

à ILIONE.

*Je vous revoy...*

### ILIONE.

*Cruel, quel crime as-tu commis ?*

*Voy ton Fils...*

### IDOMENEE.

*Qu'ay-je fait ! que vois-je ! il faut le suivre,
\* Il faut.... ah ! laissez-moy, pourquoy me secourir ?*

*\* Il veut
s'immoler, on
luy arrache
son épée.*

### ILIONE.

*Pour le punir, laissez-le vivre,
C'est à moy seule de mourir.*

## FIN DU DERNIER ACTE.

❈

## PRIVILEGE DU ROY.

LOUIS par la grace de Dieu, Roy de France & de Navarre: A nos amez & feaux Conseillers, les Gens tenant nos Cours de Parlement, Maîtres des Requêtes ordinaires de nôtre Hôtel, Grand Conseil, Prevôt de Paris, Baillifs, Sénéchaux, leurs Lieutenans-Civils, & autres, nos Justiciers qu'il appartiendra, Salut. Les Sieurs Besnier, Avocat en Parlement, Chomat, Duchesne, & de la Val-de S. Pont, Bourgeois de nôtre bonne Ville de Paris; Nous ont fait remontrer, qu'en consequence de l'Arrest de nôtre Conseil du 12. Decembre 1712. du Traité fait entr'eux & les Sieurs de Francine & Dumont, le 24. desdits Mois & An, & de nos Lettres Patentes du 8. Janvier ensuivant, confirmatives dudit Traité; Ils auroient acquis le Privilege, de faire representer les Opera durant le temps de vingt années, à compter du 20. Aoust 1712. ainsi que le Privilege de la vente des Paroles desdits Opera, lesquelles ils desireroient faire imprimer pour les donner au Public, s'il Nous plaisoit leur accorder nos Lettres de Privilege sur ce necessaires: A CES CAUSES; desirant favorablement traiter les Exposants, attendu les charges dont l'Academie Royale de Musique se trouve oberée, & les grandes dépenses qu'il convient de faire, tant pour l'Impression que pour la Gravure en Taille-douce des Planches dont ce Livre sera orné; Nous leur avons permis & permettons par ces Presentes, de faire imprimer & graver les Paroles & la Musique de tous lesdits Opera, qui ont été ou qui seront representez par l'Academie Royale de Musique, tant separément que conjointement, en telle forme, marge, caractere, nombre de Volumes & de fois que bon leur semblera, & de les vendre & debiter par tout nôtre Royaume pendant le temps de dix-neuf années consecutives, à compter du jour de la datte desdites Presentes. Faisons défenses à toutes personnes, de quelque qualité & condition qu'elles puissent être, d'en introduire d'impression étrangere, dans aucun lieu de nôtre obéïssance: Et à tous Imprimeurs, Libraires, Graveurs, & autres, d'imprimer, faire imprimer, vendre, faire vendre, débiter ny contrefaire lesdits Impressions, Planches & Figures, en tout ny en partie, sans la permission expresse & par écrit desdits Sieurs Exposans, ou de ceux qui auront droit d'eux, à peine de confiscation des Exemplaires contrefaits, de six mille livres d'amende contre chacun des Contrevenants, dont un tiers à Nous, un tiers à l'Hôtel-Dieu de Paris, l'autre tiers ausdits Sieurs Exposans, & de tous dépens, dommages & interests, à la charge que ces Presentes seront enregistrées tout au long sur le Registre de la Communauté des Imprimeurs & Libraires de Paris, & ce dans trois Mois de la datte d'icelles, que la gravûre & impression desdits Opera sera faite dans nôtre Royaume & non ailleurs, en bon papier & en beaux caracteres, conformément aux Reglemens de la Librairie, & qu'ayant de les exposer en vente, il en sera mis deux Exemplaires dans nôtre Bibliotheque publique, un dans celle de nôtre Château du Louvre, un autre dans celle de nôtre tres-cher & feal Chevalier Chancelier de France, le Sieur Phelypeaux, Comte de Pontchartrain, Commandeur de nos Ordres; Le tout à peine de nullité des Presentes; Du contenu desquelles vous mandons & enjoignons de faire joüir lesdits Sieurs Exposans, ou leurs Ayants-cause, pleinement & paisiblement, sans souffrir qu'il leur soit fait aucun trouble ou empeschement. Voulons que la Copie desdites Presentes, qui sera imprimée au commencement ou à la fin desdits Opera, soit tenuë pour dûëment signifiée; & qu'aux Copies collationnées par l'un de nos amez & feaux Conseillers & Secretaires, foy soit ajoûtée comme à l'Original. Commandons au premier nôtre Huissier ou Sergent, de faire pour l'execution d'icelles tous Actes requis & necessaires, sans demander autre permission, & nonobstant Clameur de Haro, Charte Normande & Lettres à ce contraires. CAR tel est nôtre plaisir. DONNE' à Versailles le vingtiéme jour d'Aoust l'An de Grace mil sept cent treize, & de nôtre Regne le soixante-onziéme; Par le Roy en son Conseil. Signé BESNIER, avec paraphe, & scellé.

Registré sur le Registre N°. III. de la Communauté des Libraires & Imprimeurs de Paris, Page 648 N°. 741. conformément aux Reglemens, & notamment à l'Arrest du 30. Aoust 1703. Fait à Paris ce 12. Septembre 1713. Signé, L. JOSSE, Syndic.

Par Traité passé, DE L'ORDRE DU ROY, pardevant Notaires, le 22. Novembre 1727. entre l'Academie Royale de Musique, & le Sr. BALLARD, Seul Imprimeur du Roy, &c. Il est Cessionnaire de ladite Academie, pour ce qui regarde les Livres mentionnez au Privilege cy-dessus.